Περιεχόμενα

Εκδόσεις Πατάκη – Βιβλία με πολύχρωμη εικονογράφηση • *Μια καινούρια μέρα ξημερώνει στο αγρόκτημα - 7 τρυφερές ιστορίες, μία για κάθε μέρα της εβδομάδας* • Τίτλος πρωτοτύπου: *Une semaine à la ferme* • Κείμενο: Bénédicte Carboneill
Εικονογράφηση: Angélique Pelletier • Μετάφραση: Άννα Κοντολέων • Υπεύθυνη έκδοσης: Υβόνη Καρύδη
Διορθώσεις: Σοφία Κροκίδη • DTP: Κατερίνα Σταματοπούλου • Πρώτη έκδοση στη γαλλική γλώσσα το 2013 από τις εκδόσεις Hemma, 106 rue de Chevron, 4987 Chevron, Belgique • Πρώτη έκδοση στην ελληνική γλώσσα από τις Εκδόσεις Πατάκη, Αθήνα, Απρίλιος 2014 • ΚΕΤ 8869 • ΚΕ 11/2014 • ISBN 978-960-16-5302-0
 • Τυπώθηκε στην Κίνα από τη Leo Paper

ΕΚΔΟΣΕΙΣ ΠΑΤΑΚΗ
www.patakis.gr

ΠΑΝΑΓΗ ΤΣΑΛΔΑΡΗ (ΠΡΩΗΝ ΠΕΙΡΑΙΩΣ) 38, 104 37 ΑΘΗΝΑ,
ΤΗΛ.: 210.36.50.000, 210.52.05.600, 801.100.2665 - ΦΑΞ: 210.36.50.069
ΚΕΝΤΡΙΚΗ ΔΙΑΘΕΣΗ: ΕΜΜ. ΜΠΕΝΑΚΗ 16, 106 78 ΑΘΗΝΑ, ΤΗΛ.: 210.38.31.078
ΥΠΟΚ/ΜΑ: ΚΟΡΥΤΣΑΣ (ΤΕΡΜΑ ΠΟΝΤΟΥ - ΠΕΡΙΟΧΗ Β' ΚΤΕΟ), 570 09 ΚΑΛΟΧΩΡΙ ΘΕΣΣΑΛΟΝΙΚΗΣ,
ΤΗΛ.: 2310.70.63.54, 2310.70.67.15 - ΦΑΞ: 2310.70.63.55
Web site: http://www.patakis.gr • e-mail: info@patakis.gr, sales@patakis.gr

ΔΕΥΤΕΡΑ

Μια καινούρια μέρα ξημερώνει στο αγρόκτημα του Ματουράν. Ο ήλιος γαργαλά τα φτερά του Αλμπέρ για να τον ξυπνήσει. Κι αμέσως ο κόκορας σηκώνεται όρθιος και κακαρίζει το πιο όμορφο κακάρισμα της μέρας: «Κικιρίκου! Σήμερα, φίλοι μου, είναι Δευτέρα!».

Η Μαργκερίτ μέσα στον στάβλο χουζουρεύει και δεν υποψιάζεται στιγμή
ότι αυτή η μέρα θα της αλλάξει για πάντα τη ζωή.
Αλλά ας πάρουμε τα πράγματα απ΄ την αρχή...

Εκείνη τη μέρα, όπως και κάθε μέρα,
η μικρή αγελαδίτσα δυσκολεύεται πολύ
τα μάτια της να ανοίξει και να σηκωθεί:
– Μου ΄χει πιαστεί το πόδι, δεν πάω
στο βοσκοτόπι. Κι έπειτα είναι βαρετό!
λέει με ένα χασμουρητό.
– Και τι άλλο θες να κάνεις;
ρωτάει γεμάτη περιέργεια η άλλη αγελάδα,
η Μαργκό, που μαζί της μοιράζεται
τον στάβλο από καιρό.

– Δεν ξέρω..., λέει σκεπτική η Μαργκερίτ.
Αλλά, να, θα μ' άρεσε στη λιμνούλα να κάνω μια βουτιά!
– Μα δεν ξέρεις κολύμπι! απαντά η Μαργκό απορημένη.
– Έχεις δίκιο..., να λοιπόν τι θα κάνω, λέει η αγελαδίτσα ενθουσιασμένη. Σήμερα θα μάθω να κολυμπώ στα βαθιά!

Η Μαργκερίτ αφήνει τον στάβλο της και τρέχει όσο πιο γρήγορα μπορεί
να πει σε όλους ότι κολύμπι να μάθει επιθυμεί.
– Πουφφφ... Τι αστεία ιδέα! οι άλλες αγελάδες γελάνε ειρωνικά.
Δεν είδαμε ποτέ αγελάδα στης λιμνούλας τα νερά να κολυμπά.

Αλλά τη Μαργκερίτ δεν την ενδιαφέρει.
Δεν πρόκειται να την εμποδίσουν κάτι ζηλιάρες σαν κι αυτές.
Ξέρει ότι θα τα καταφέρει. Κι έτσι, με βήμα αποφασιστικό
κατευθύνεται στης λιμνούλας το νερό.

– Καλημέρα, Σουζέτ! λέει η Μαργκερίτ.

– Τι κάνεις εδώ πέρα; ρωτάει έκπληκτη η πάπια.

Δε θα πας σήμερα για βοσκή;

– Όχι, αποφάσισα στης λιμνούλας τα νερά να κολυμπήσω!

Τι λες; Θα μπορούσες να με βοηθήσεις να προσπαθήσω;

Η πάπια, ξαφνιασμένη, απαντά διστακτικά:
– Ε, δεν ξέρω αν μπορώ να τα καταφέρω, ειλικρινά...
Αλλά, μπροστά στης αγελάδας την επιμονή,
η Σουζέτ καταλήγει να δεχτεί:
– Μπορούμε τουλάχιστον να προσπαθήσουμε.

Η αλήθεια είναι ότι οι πρώτες δοκιμές
δεν είναι ούτε επιτυχημένες ούτε ενθαρρυντικές.
Η αγελαδίτσα καταπίνει πολύ νερό και,
αν συνεχίσει έτσι, θα χρειαστεί γιατρό...
Παρ' όλ' αυτά, η Σουζέτ προσπαθεί να την καθοδηγήσει:
– Κούνα τα πόδια σου για να προχωρήσεις!
Αλλά τα πόδια της αγελάδας είναι πολύ αδέξια
και δεν μοιάζουν καθόλου με βατραχοπέδιλα!
– Κούνα τα ταυτόχρονα και θα τα καταφέρεις, τη συμβουλεύει η πάπια.
– Αυτό κάνω, δεν το βλέπεις; φωνάζει η αγελάδα.

Η Μαργκερίτ παραιτείται και βγαίνει απ' τη λιμνούλα εξαντλημένη.
– Λυπάμαι πολύ, λέει η Σουζέτ. Μα μην απογοητεύεσαι, στο τέλος θα τα καταφέρεις! Μπορούμε να ξαναπροσπαθήσουμε και αύριο, αν θέλεις!
– Δε νομίζω ότι αξίζει τον κόπο, απαντά η αγελαδίτσα απογοητευμένη. Δεν πειράζει, θα κάνω αυτό που κάθε αγελάδα πρέπει να κάνει: θα πάω να βοσκήσω με τις άλλες αγελάδες στο λιβάδι.

Αλλά δεν μπορεί να μη ρίξει μια τελευταία ματιά
στης λιμνούλας τα γάργαρα νερά...
Μα, ξαφνικά, τι τρομερό!
Βλέπει το πιο μικρό παπάκι της Σουζέτ ανάποδα μες στο νερό.
Η Μαργκερίτ δεν ακούει παρά μόνο την καρδιά της,
στη λιμνούλα τρέχει αμέσως και βουτά,
χωρίς να σκεφτεί ότι δεν ξέρει να κολυμπά.

Η αγελαδίτσα βάζει τα δυνατά της το παπάκι για να σώσει.
Καταφέρνει κοντά του να κολυμπήσει και λίγο πριν πνιγεί να το γλιτώσει.

Η Σουζέτ τρέχει και μαζεύει το απρόσεχτο παπάκι.
– Χίλια ευχαριστώ, Μαργκερίτ! Έσωσες το μικρό μου το παιδάκι!
Ξαφνικά, η αγελάδα συνειδητοποιεί ότι το στοίχημα έχει κερδίσει:
ξέρει πια πολύ καλό κολύμπι!

Έπειτα από κείνη την περίφημη Δευτέρα, η ζωή της Μαργκερίτ άλλαξε πολύ. Τώρα κάθε πρωί ξυπνά ζωηρή και πηγαίνει τρεχάλα για κολύμπι στου Ματουράν την όμορφη τη λίμνη.

Εξάλλου, το γάλα της έγινε τόσο νόστιμο και γευστικό,
που ο αγρότης τής έχει ζητήσει...
να μάθει και στις άλλες του τις αγελάδες κολύμπι καλό!
Κι έτσι, η Μαργκερίτ έγινε η πρώτη αγελάδα κολυμβήτρια-δασκάλα!

ΤΡΙΤΗ

Απ΄ το πρωί ως το βράδυ, ο Αλμπέρ πέρα δώθε τρέχει
και φροντίζει το κοτέτσι. Πάει, έρχεται, επιτηρεί, επιθεωρεί.
Ο κόκορας του Ματουράν έχει τόσο πολλές ευθύνες,
που δεν προλαβαίνει να κάτσει ούτε στιγμή.

Κάθε μέρα εξασφαλίζει ότι απ' τις κοτούλες του τίποτα δε λείπει.
Μετά πρέπει να σιγουρευτεί ότι κι εκείνες κάνουν τη δουλειά τους,
ότι κλωσάνε τα αυγά τους και ότι προσέχουν τα κοτόπουλά τους.
Ο Αλμπέρ είναι ένας πολυάσχολος κόκορας!

Εκτός από κείνη εκεί την Τρίτη, που τίποτα δεν έγινε όπως το είχε φανταστεί.

Αλλά ας πάρουμε τα πράγματα απ' την αρχή...

– Θα πάω να βρω τη Μαργκερίτ. Αυτή τουλάχιστον θα ξέρει γιατί κηλίδες έχει! Κι αμέσως ο Αλμπάν στο λιβάδι τρέχει.

Βρίσκει την αγελάδα να βόσκει στα πράσινα χορτάρια.
– Τι δουλειά έχεις εσύ εδώ, κοτοπουλάκι μου μικρό;

– Έχω να σου κάνω μια ερώτηση, λέει το κοτοπουλάκι σοβαρό.

Κι αμέσως αρχίζει την αγελάδα να βομβαρδίζει με ερωτήσεις, που είναι η μια πιο δύσκολη απ' την άλλη...

Δυστυχώς, η Μαργκερίτ δεν μπορεί απάντηση να δώσει, ούτε να βρει. Ούτε κι αυτή ξέρει γιατί έχει κηλίδες!

– Λυπάμαι πολύ, ίσως η Σουζέτ να σε βοηθήσει μπορεί!

– Α, τι ωραία ιδέα! λέει το κοτοπουλάκι και απομακρύνεται.

Ο Αλμπάν τρέχει στης λιμνούλας τα νερά.
Εκεί βρίσκει τη Σουζέτ, που ετοιμάζεται να κολυμπήσει με τα μικρά της τα μωρά.

– Καλημέρα, λέει το κοτοπουλάκι.
– Μα τι κάνεις εδώ πέρα, Αλμπάν;
– Έχω να σου κάνω μερικές ερωτήσεις...

Και χωρίς να περιμένει απάντηση, ρωτάει εκατό χιλιάδες πράγματα.

Η Σουζέτ κάνει ό,τι καλύτερο μπορεί, αλλά δυσκολεύεται πολύ και τα παπάκια της να επιβλέψει και στις ερωτήσεις του μικρού κοτόπουλου να αποκριθεί.

Κι έτσι, απογοητεύεται πολύ ο Αλμπάν και τα ερωτήματά του παραμένουν πάντα αναπάντητα.

Την ίδια στιγμή ο Αλμπέρ τελειώνει το μέτρημα.
Επιτέλους, θα μπορέσει να ασχοληθεί με τον Αλμπάν.
Αλλά το κοτοπουλάκι δεν είναι πουθενά! Τι απέγινε;
Ο Αλμπέρ ψάχνει όλο το κοτέτσι, αλλά πού είναι
ο μικρός του γιος κανείς δεν ξέρει.
Κανένας δεν τον έχει δει.
Ανήσυχος πολύ, φεύγει για να τον βρει.

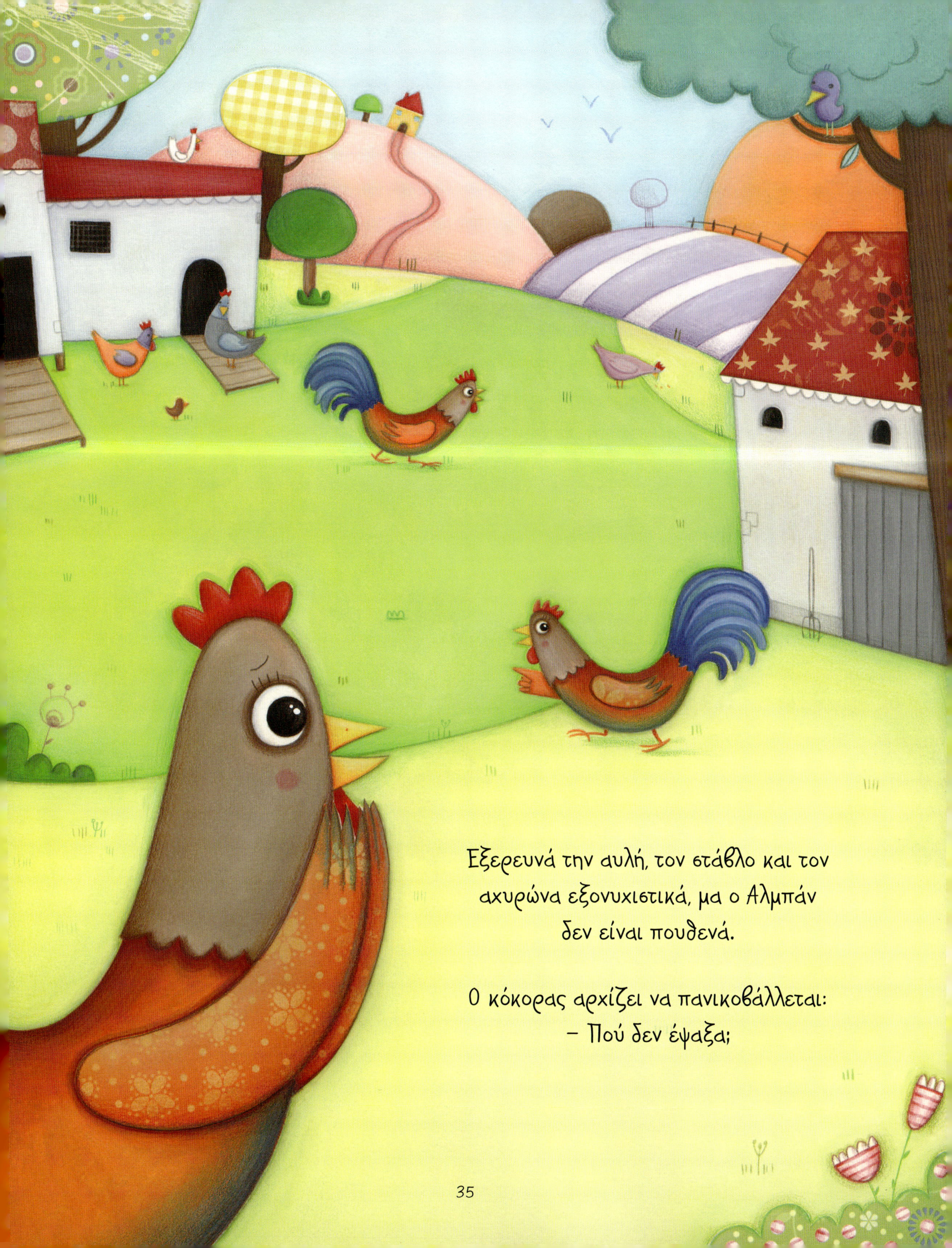

Εξερευνά την αυλή, τον στάβλο και τον αχυρώνα εξονυχιστικά, μα ο Αλμπάν δεν είναι πουθενά.

Ο κόκορας αρχίζει να πανικοβάλλεται:
– Πού δεν έψαξα;

Ευτυχώς, συναντά τη Μαργκερίτ και τη Σουζέτ στον δρόμο. Αμέσως τον καθησυχάζουν και ο Αλμπέρ δεν νιώθει πια φόβο. Ο Αλμπάν όπου να 'ναι θα επιστρέψει.

Και πραγματικά, δεν περνάνε μερικά λεπτά, και ο μπαμπάς του πέρα μακριά τον βλέπει.

– Γιε μου, ανησύχησα πολύ. Μήπως ξέρεις γιατί;

Ο Αλμπάν δεν πιστεύει στα αυτιά του. Έχει έρθει να τον βρει ο μπαμπάς του. Το κοτοπουλάκι τρέχει κι ανάμεσα στα πόδια του πατέρα μπαίνει.

– Σου υπόσχομαι, θα αφιερώνω πάντα τον χρόνο να σ' ακούω στο εξής, αλλά κι εσύ δεν πρέπει ποτέ ξανά να απομακρυνθείς!

– Το υπόσχομαι! Λοιπόν, για πες μου, μπαμπά, μήπως ξέρεις γιατί...

Εκείνη την Τρίτη ο Αλμπέρ και ο γιος του πέρασαν όλο το απόγευμα συζητώντας και ψάχνοντας απαντήσεις σ' όλες αυτές τις δύσκολες ερωτήσεις.

Από τότε ο Αλμπέρ, για να ακούει τα παιδιά του, πήρε όρκο να αφιερώνει πάντα χρόνο!

ΤΕΤΑΡΤΗ

Ήταν μια Τετάρτη που ο Πασά βρήκε τις μεγάλες,
μακριές μέρες του πώς να απασχολείται.
Βλέπετε, ο Πασά δεν είναι ένας συνηθισμένος γάτος.
Απεχθάνεται να κάθεται δίπλα στο τζάκι
και σαν τις άλλες γάτες να τεμπελιάζει.

Χρειάζεται λίγη δράση, του αρέσει να κινείται.
Οπότε κάνει όλη μέρα ό,τι μπορεί, τα ποντίκια για να βρει
και, πάνω απ' όλα, προσπαθεί να μη βαρεθεί.

Αλλά αφήστε με να σας διηγηθώ τι συνέβη εκείνη την περίφημη Τετάρτη...

Εκείνο το πρωί ο Πασά βγαίνει απ΄ το σπίτι αποφασιστικά.
Υπάρχει πολλή κίνηση στο κοτέτσι και ο γάτος μας πηγαίνει να δει τι συμβαίνει.
Ο κόκορας βιάζεται να του ανακοινώσει ότι το κοτοπουλάκι του,
ο Αλμπάν, έμαθε επιτέλους να πετά! Τι χαρά!
Κι ο Αλμπέρ να το πει σ΄ όλα τα ζώα τού ζητά.

Ο γάτος τρέχει στη λιμνούλα να ειδοποιήσει πρώτα τη Σουζέτ.
Και η πάπια, μόλις τον βλέπει, του κάνει ένα σωρό χαρές.
– Τα παπάκια μου βγήκαν απ΄ το αυγό! Έλα να δεις!
Και η πάπια αμέσως του αναθέτει μια καινούρια αποστολή:
– Μπορείς να ανακοινώσεις σ΄ όλους τα νέα τα καλά;

Αν θέλει να ειδοποιήσει όλα τα ζώα, θα πρέπει να βιαστεί ο Πασά.

Ο Πασά στο χοιροστάσιο τρέχει κι εκεί μαθαίνει ότι έχει γεμίσει σπυράκια ο Λεόν.
Το κακόμοιρο το γουρουνάκι αυτό που έχει μπορεί να είναι μεταδοτικό.
Πρέπει να ειδοποιηθούν όλα τα ζώα.
Και ποιος θα αναλάβει αυτή την υπεύθυνη αποστολή;
Μα φυσικά ο Πασά! Θα πρέπει σ' όλο το αγρόκτημα να τρέξει...
όσο πιο γρήγορα μπορεί!

Ο Πασά στον στάβλο τώρα τρέχει, αλλά το στόμα του να ανοίξει δεν προλαβαίνει
και το άλογο για τον διαγωνισμό ομορφιάς αρχίζει να του μιλά:
– Πρέπει να ειδοποιηθούν όλα τα ζώα.
Ο διαγωνισμός σε τέσσερις μέρες θα λάβει χώρα!

Κι ύστερα, ο Πασά τα νέα των μεν στους δε καταφέρνει να μεταφέρει τελικά...

Ύστερα τρέχει να εξηγήσει την ανακάλυψή του στα άλλα ζώα.
Όλοι βρίσκουν την ιδέα εξαιρετική, αλλά υπάρχει ωστόσο μια μικρή λεπτομέρεια που πρέπει να ρυθμιστεί: Ο Αλμπέρ απ' το κοτέτσι δεν μπορεί να φύγει, ο Λεόν στο χοιροστάσιο πρέπει να μείνει και η Σουζέτ στη μικρή της λίμνη...
Πώς θα γίνει; Πρέπει να βρεθεί μια λύση!

Ο Πασά έχει προβληματιστεί πολύ.
– Αν κανένας δεν μπορεί να διαβάσει όσα έχω γράψει,
τότε τι νόημα έχει η ταμπέλα να υπάρχει...

Αρχίζει να περπατά πέρα δώθε μπερδεμένος,
τον όμορφό του πίνακα κοιτάζοντας απογοητευμένος.

Απ᾽ το σπιτάκι του ο Γκριμπού παρατηρεί
τον γάτο που γύρω γύρω πηγαίνει και περίεργος
τον ρωτά να του πει τι του συμβαίνει.

Χωρίς καθυστέρηση, ο γάτος τού εξηγεί ποιο είναι το πρόβλημα που τον βασανίζει. Και ο σκύλος αμέσως καταλαβαίνει και του προτείνει μια καλή λύση:

– Αν δεν μπορούν τα ζώα να πάνε στις ανακοινώσεις... πρέπει οι ανακοινώσεις να πάνε στα ζώα!

Μια ημερήσια εφημερίδα πρέπει να φτιάξει ο Πασά που να καταγράφει την επικαιρότητα του Ματουράν και τα νέα του αγροκτήματος τα πιο σημαντικά.

Έτσι κι έγινε, και η εφημερίδα του αγροκτήματος εκδόθηκε
για πρώτη φορά μια Τετάρτη!

Κάθε πρωί ο Πασά συγκεντρώνει όλες τις πληροφορίες και τις καταγράφει.
Το απόγευμα τα άρθρα του συντάσσει και το βράδυ τυπώνει την εφημερίδα.

Και την επομένη όλα τα ζώα λαμβάνουν τα καθημερινά τους φύλλα,
το οποία περιμένουν με ανυπομονησία πολλή. Βιάζονται να διαβάσουν
τα τελευταία άρθρα του Πασά, του πρώτου γάτου ανταποκριτή!

ΠΕΜΠΤΗ

Εκείνο το πρωινό η Σουζέτ βρήκε ένα περίεργο φτερό.
Μα σε ποιον μπορεί να ανήκει;
Η πάπια αποφασίζει το ζήτημα να ερευνήσει.
Την περιμένουν ένα σωρό εκπλήξεις...

Η Σουζέτ είναι μια πάπια πολύ κοκέτα.
Της αρέσει να κάνει βόλτες κάθε πρωί. Μα εκείνη την Πέμπτη
κάνει μια περίεργη ανακάλυψη. Η πάπια στο μονοπάτι περπατά,
όπως κάθε πρωινό, με βήματα μικρά και λικνιστά, όταν βλέπει ένα φτερό.
Κι όχι ένα οποιοδήποτε φτερό, ένα φτερό καταπληκτικό,
ένα φτερό μπλε και πράσινο...

– Σε ποιον μπορεί να ανήκει; αναρωτιέται η πάπια.
Όσο κι αν ψάχνει, η Σουζέτ τίποτα δε βρίσκει. Είναι σίγουρη ότι καμιά πάπια στο αγρόκτημα δεν έχει τέτοιου χρώματος φτερό!

Μόνο ο μικρός Βικτόρ έχει κάπως γαλαζωπά φτερά, αλλά αυτό εδώ είναι μακρύ και κανονικό. Όχι, όχι, δεν μπορεί να είναι του Βικτόρ.
Αλλά, αν δεν ανήκει σε καμιά απ' τις πάπιες του αγροκτήματος, σε ποιον μπορεί να ανήκει;

Βάζει το φτερό μέσα στο μικρό της τσαντάκι η Σουζέτ και βιάζεται να πάει να συναντήσει τον Αλμπέρ. Ούτε κι ο κόκορας δεν έχει ξαναδεί το φτερό αυτό. Είναι όμορφο, αλλά απ' τα δικά του δεν είναι πιο λαμπερό!

– Κοίταξε τα δικά μου, δείχνει ο κόκορας τα φτερά του, περπατώντας καμαρωτά, και αρχίζει να της δίνει διάφορες χρήσιμες συμβουλές ομορφιάς.
Αλλά η πάπια για όλ' αυτά μυαλό δεν έχει, μόνο το φτερό αυτό την ενδιαφέρει.

– Αλμπέρ, πιστεύεις ότι θα μπορούσε κάποια απ' τις κότες σου να σου κρατά κρυφό ένα τόσο όμορφο φτερό;

– Θα αστειεύεσαι! λέει θιγμένος ο κόκορας. Ξέρω τις κότες μου καλά! Αν κάποια από αυτές είχε ένα φτερό σαν κι αυτό, σίγουρα θα το ήξερα!

Η Σουζέτ ζητά συγγνώμη ευγενικά για την ενόχληση και φεύγει.

Η πάπια συνεχίζει τον περίπατό της.
– Είναι πάντως περίεργο! Ίσως ο Πασά κάτι παραπάνω να ξέρει...
Ο γάτος παρατηρεί το φτερό εξονυχιστικά.
– Λοιπόν, συμπεραίνω, πως δεν ανήκει στις πάπιες εδώ γύρω,
ούτε στον κόκορα του Ματουράν... Μυστήριο!
Λυπάμαι, πληροφορία για το συγκεκριμένο θέμα δεν έχω,
καταλήγει ο γάτος. Κι έτσι, η έρευνα
της πάπιας δεν προχωρά.

Ο Γκριμπού πλησιάζει τη Σουζέτ έκπληκτος που τη βρίσκει στη γειτονιά.
– Τι κάνεις εδώ πέρα; τη ρωτά.
Και να την πάλι που του δείχνει το όμορφο φτερό.

– Μα αυτό είναι φτερό γαλοπούλας! απαντά ο σκύλος σκεφτικός.

Μόνο που γαλοπούλα δεν υπάρχει στο αγρόκτημα του Ματουράν!
Και τότε, πώς γίνεται ένα φτερό γαλοπούλας να έφτασε τόσο μακριά;
Όχι, είναι αδύνατον!

– Μήπως είναι φτερό πιγκουίνου; Το διάβασα σε ένα περιοδικό, λέει ο Πασά.

– Ποιανού; ρωτά ο Γκριμπού.

– Και γιατί όχι στρουθοκαμήλου; Το διάβασα δεν ξέρω πού...,
προσθέτει η Σουζέτ ειρωνικά.

Αηδίες! Η πάπια άκουσε αρκετές τέτοιες ανοησίες!

Αρκετά...

Αφήνει τον Πασά και τον Γκριμπού να συζητάνε για πράγματα χαζά
και αποφασίζει στης λιμνούλας να επιστρέψει τα νερά.
Είναι πάντως ένα πολύ όμορφο φτερό!
Και η Σουζέτ αρχίζει να ονειρεύεται: Κι αν από ένα γοητευτικό παπί έχει πέσει;
Απ' το όμορφο παπί που τόσο καιρό προσμένει;
Και ξαφνικά βλέπει ένα ακόμα φτερό...

... και μετά ένα άλλο φτερό... Όχι, δεν είναι δυνατόν!
Τόσο πολλά φτερά! Το ζώο στο οποίο ανήκουν δεν μπορεί να είναι μακριά.
Η Σουζέτ την περιοχή επιθεωρεί: τίποτα πίσω απ' το δέντρο, τίποτα κάτω απ' τους θάμνους... και, τελικά, πίσω από ένα δεμάτι άχυρα ανακαλύπτει ένα παπί αλλιώτικο απ' τα άλλα.
Είναι ο αγριόπαπιος Γκασπάρ!
Ο κακόμοιρος είναι εξαντλημένος και στο πόδι χτυπημένος.

Η Σουζέτ τον πλησιάζει και τον περιθάλπει,
λίγο νερό τού φέρνει να πιει και έναν νάρθηκα του φτιάχνει.
Πόσο όμορφος είναι! Όσο τον είχε φανταστεί κι ακόμα πιο πολύ...
Αλλά η Σουζέτ δεν τρέφει ελπίδες, ξέρει πως, μόλις γίνει καλά,
θα ξαναφύγει αμέσως μακριά.
Εκείνος στο σπίτι του, στην άλλη άκρη του κόσμου,
θα γυρίσει κι εκείνη μόνη της εδώ θα μείνει...
Περιμένοντας να γιάνει τον φροντίζει
και πολύ γρήγορα γίνονται καλοί φίλοι.

Κατά τη διάρκεια της ανάρρωσής του, η Σουζέτ παραχάιδεψε
και κανάκεψε τον Γκασπάρ τόσο πολύ, που εκείνος τελικά
αποφάσισε να μείνει και να την παντρευτεί!
Καλή η περιπέτεια, αλλά η αγάπη ακόμα καλύτερη!
Έτσι έγινε και παντρεύτηκαν μια Πέμπτη η Σουζέτ
και ο Γκασπάρ, για να γιορτάζουν τη μέρα
της πρώτης τους γνωριμίας κάθε χρονιά.

ΠΑΡΑΣΚΕΥΗ

Και τι Παρασκευή!
Ο Λεόν, του Ματουράν το γουρουνάκι,
έχει μία και μοναδική μέρα για να σώσει το δικό του το τομάρι.
Αν δε θέλει λουκάνικο να καταλήξει, θα πρέπει γρήγορα να βρεθεί μια λύση...
Μήπως να κέρδιζε το πρώτο βραβείο στον διαγωνισμό ομορφιάς;
Ο Λεόν είναι το πιο χοντρό γουρουνάκι του Ματουράν.

Περνά όλο του τον χρόνο τρώγοντας. Και, όταν δεν τρώει, κάνει λασπόλουτρα.
Όπως όλα τα γουρουνάκια, μέσα στη λάσπη να κυλιέται λατρεύει.
Εν πάση περιπτώσει, ο Λεόν μια συνηθισμένη ζωή γουρουνιού έχει.
Εκτός από εκείνη την Παρασκευή...

Περνώντας κάτω απ' το παράθυρο του Ματουράν
μια περίεργη συζήτηση φτάνει στου Γκριμπού τα αυτιά.
– Ω, λέει ο αγρότης, αυτός εκεί λουκάνικο θα γίνει!
Κι ο σκύλος αναρωτιέται: ποιος λουκάνικο θα καταλήξει;
Αμάν, αμάν! Δεν μπορεί παρά το γουρουνάκι να εννοεί!
Κι αμέσως ο Γκριμπού τρέχει και τον φίλο του προειδοποιεί.

Με κομμένη την ανάσα διηγείται ο σκύλος
όλα όσα έχει ακούσει σαν καλός φίλος:
– Φτωχέ μου Λεόν, τι σου ΄μελλε να πάθεις,
ο Ματουράν λουκάνικο σχεδιάζει να σε κάνει!
Κι ο Λεόν αποφασίζει αμέσως το αγρόκτημα
να εγκαταλείψει πανικοβλημένος.

Το γουρουνάκι το μπογαλάκι του ετοιμάζει.
– Δε βλέπω άλλη λύση, πες εκ μέρους μου σ΄ όλους γεια χαρά,
λέει ο Λεόν με σφιγμένη την καρδιά.
Κι ύστερα αποχαιρετά τον Γκριμπού και φεύγει γι΄ αλλού.

Στον δρόμο συναντά τη Μαργκό και τη Μαργκερίτ.

– Έι, για πού το 'βαλες εσύ; ρωτάνε οι αγελάδες με περιέργεια.

Ο Λεόν κάνει μια στάση και τους εξηγεί.

– Δεν είναι δυνατόν! Ο Ματουράν δε θα το έκανε ποτέ αυτό! Είσαι το αγαπημένο του γουρουνάκι..., τον καθησυχάζει η Μαργκερίτ.

Οι αγελαδίτσες τού προτείνουν
για λίγο μαζί τους μέσα στον
στάβλο να κρυφτεί, μέχρι
η υπόθεση να διαλευκανθεί.

Και, ενώ ο Λεόν τρέχει να κρυφτεί, οι αγελάδες προβληματίζονται πολύ.

– Αν θέλουμε να μείνει ο Λεόν στο σπίτι, πρέπει να βρούμε γρήγορα μια λύση!

– Λύση για τι πράγμα; ρωτάει ο Πασά, που από κει κοντά τυχαίνει να περνά.

– Για να σωθεί ο Λεόν!

Και του διηγούνται τις υποψίες του Λεόν με τη δική τους τη σειρά.

Ευτυχώς, έχει μια καλή ιδέα ο Πασά:
– Στο διπλανό χωριό διοργανώνεται ένας διαγωνισμός ομορφιάς!

Οι αγελαδίτσες αποφασίζουν να περιποιηθούν τον Λεόν με προσοχή
και να τον μεταμορφώσουν στο πιο όμορφο γουρουνάκι της περιοχής.

Ο Λεόν μάλλον είναι διστακτικός, αλλά, βλέποντας ότι
δεν υπάρχει άλλη λύση, καταλήγει να δεχτεί.
– Είναι αστεία ιδέα, αλλά άμα πιάσει...
θα μου γλιτώσει το τομάρι!

Όλοι δίνουν στον Λεόν ένα σωρό συμβουλές:
– Πρώτα απ' όλα, ένα μπανάκι στη λιμνούλα, προτείνει η Σουζέτ.
– Ύστερα ένα μακιγιάζ καλό, προσθέτει η Μαργκό.
– ... κι έπειτα μια μιζανπλί, συμπληρώνει η Μαργκερίτ.

Κι ο Πασά, όσο για κείνον, παίρνει δρόμο και τρέχει να βρει μερικά αξεσουάρ.

Λίγες ώρες αργότερα, ο Λεόν είναι επιτέλους έτοιμος...

... μένει μια ακόμα λεπτομέρεια: το γουρουνάκι πρέπει να μάθει πώς να παρελαύνει.

Και η πάπια τού δείχνει πώς να το κάνει. Ο Λεόν δεν είναι συνηθισμένος σ᾽ όλα αυτά, αλλά μαθαίνει γρήγορα και καλά.
– Λοιπόν, άντε, πρέπει να πηγαίνουμε, τους πιέζει ο Πασά.

Και η χαρούμενη παρέα ξεκινά.

Η ώρα του διαγωνισμού έχει φτάσει.
Ο Λεόν παρελαύνει πάνω στην εξέδρα με κομψότητα και χάρη.
– Τι άνεση, τι στιλ! θαυμάζει εντυπωσιασμένο το κοινό
κι όλοι χειροκροτούν ενθουσιασμένοι τον Λεόν.

Μετά τη σύσκεψη της επιτροπής, το γουρουνάκι το πρώτο βραβείο κερδίζει και οπωσδήποτε το αξίζει. Ο Λεόν να το πιστέψει δεν μπορεί: στον διαγωνισμό ομορφιάς βγήκε το πιο όμορφο γουρουνάκι της χρονιάς!

Ο Λεόν επιστρέφει στο αγρόκτημα με ένα λαμπερό μετάλλιο.

– Ελπίζω τώρα να μη με κάνεις λουκάνικο, λέει στον αγρότη.
Ο Ματουράν έχει ξαφνιαστεί, αλλά περήφανος για το γουρουνάκι του είναι πολύ.
– Δεν υπάρχει τέτοια περίπτωση! του απαντά ειλικρινά.
Κι έτσι, όλα ξεκαθαρίζουν και ο Λεόν νιώθει ανακουφισμένος.
Ο αγρότης δε σκόπευε ποτέ να θυσιάσει το γουρουνάκι του, ο καημένος.
Φαίνεται πως παράκουσε ο Γκριμπού τη συζήτηση, και τώρα ζητά συγγνώμη
για την παρεξήγηση.

Λοιπόν, τέλος καλό όλα καλά!
Αλλά, έπειτα από κείνη την Παρασκευή, ο Λεόν αποφασίζει
το πρώτο βραβείο ομορφιάς του να διατηρήσει.
Από τότε στη λιμνούλα κάνει ένα μπανάκι κάθε μέρα και,
αφού περιποιηθεί μακιγιάζ και μιζανπλί, κάνει πρόβες στην πασαρέλα...
Ποτέ δεν ξέρεις..., μπορεί να αλλάξει γνώμη ο Ματουράν
και να θελήσει μια μέρα να φτιάξει ένα πιάτο με αλλαντικά!

ΣΑΒΒΑΤΟ

Σήμερα παντρεύεται η Μαργκό και είναι η πιο όμορφη μέρα της ζωής της.
Ή, τουλάχιστον, θα έπρεπε να είναι η πιο όμορφη μέρα της ζωής της...
Αλλά τίποτα δεν πάει όπως το είχε υπολογίσει.
Θα μπορέσει τελικά να παντρευτεί τον Πόντσο η Μαργκό,
του Μπιλμπάο τον ταύρο τον φοβερό;

Σήμερα είναι Σάββατο και στου Ματουράν το αγρόκτημα
επικρατεί μεγάλη αναστάτωση. Παντρεύεται η Μαργκό.
Και είναι να παντρευτεί τον Πόντσο, του Μπιλμπάο τον ταύρο τον ξακουστό.
Είναι η πιο όμορφη μέρα της ζωής της, μα η αγελαδίτσα κάτι έχει ξεχάσει.
Αν γι΄ αυτό η τελετή αναβληθεί, σίγουρα η Μαργκό θα στεναχωρηθεί πολύ...

Η Μαργκό είναι κατενθουσιασμένη και σε μια μεριά να κάτσει
δεν μπορεί. Πάνω στην ώρα καταφθάνει η Μαργκερίτ:
– Λοιπόν, είσαι έτοιμη; Ελπίζω να έχεις πάνω σου και κάτι μπλε;

Η αγελαδίτσα δεν καταλαβαίνει τι εννοεί!
– Είναι μέρος της παράδοσης:
Για να έχει τύχη, θα πρέπει η νύφη
να έχει και κάτι μπλε μαζί της.

Η Μαργκό φεύγει τρεχάτη στη στιγμή,
κάποιο πραγματάκι μπλε να βρει.
– Δεν είναι και τόσο εύκολο κάποιο πράγμα μπλε να βρω.
– Καλημέρα, είσαι έτοιμη, Μαργκό; ρωτάει η Σουζέτ.
Η αγελαδίτσα τής διηγείται ότι χρειάζεται ακόμα κάτι,
αλλά δεν ξέρει πού να ψάξει.
– Μην ανησυχείς. Αυτό που χρειάζεσαι ξέρω πού θα το βρεις!
η πάπια την καθησυχάζει.
Και δεν περνάνε μερικά λεπτάκια, και η Σουζέτ ξανάρχεται
με ένα μπουκέτο μπλε λουλουδάκια.

– Ευχαριστώ, Σουζέτ, με έσωσες! λέει ανακουφισμένη η Μαργκό.

– Μια που το 'φερε η κουβέντα, έχεις και κάτι παλιό; ρωτάει η πάπια.

– Τι πράγμα; Μου χρειάζεται ακόμα μια αντίκα; συνοφρυώνεται η αγελαδίτσα.

Και η Σουζέτ τής εξηγεί:

– Ναι, για να έχει τύχη, θα πρέπει η νύφη να έχει και κάτι παλιό μαζί της.

– Πού να ξετρυπώσω κάτι παλιό; αναρωτιέται η αγελαδίτσα.
Πουφφφ, πολύ φοβάμαι ότι δε θα το βρω!
Εκείνη ακριβώς τη στιγμή φτάνει ο Πασά:
– Τι συμβαίνει, Μαργκό, γιατί είσαι σκυθρωπή;

Και η αγελάδα τι είναι αυτό που ψάχνει του εξηγεί.
– Μην ανησυχείς, θα σ' το βρω εγώ. Έχω μια μικρή ιδέα.
Περίμενέ με εδώ! λέει ο γάτος και φεύγει τρέχοντας προς το σπίτι.

Η Μαργκό περιμένει υπομονετικά μέχρι να ξανάρθει ο Πασά, φέρνοντας μαζί του ένα πέπλο πολύ μακρύ και πολύ παλιό.

– Ήμουνα σίγουρος ότι είχα δει τα παιδιά να παίζουν στη σοφίτα με αυτό, λέει χαρούμενος.

– Τέλειο! Επιτέλους, θα μπορέσω να παντρευτώ, λέει ευτυχισμένη η Μαργκό.

– Ναι, αλλά, μια που το έφερε ο λόγος, έχεις και κάτι καινούριο;

– Τι είναι πάλι αυτό; γκρινιάζει η Μαργκό.

Κι ο Πασά τής εξηγεί:

– Για να έχει τύχη, θα πρέπει η νύφη να έχει και κάτι καινούριο μαζί της.

Η αγελαδίτσα δεν περιμένει στιγμή,
τρέχει του Ματουράν τον σκύλο να βρει.
– Γκριμπού, πρέπει να με βοηθήσεις,
μπορείς κάτι καινούριο να μου χαρίσεις;
– Μα φυσικά, περίμενε εδώ, λέει εκείνος
κι εξαφανίζεται μέσα στο σπίτι.

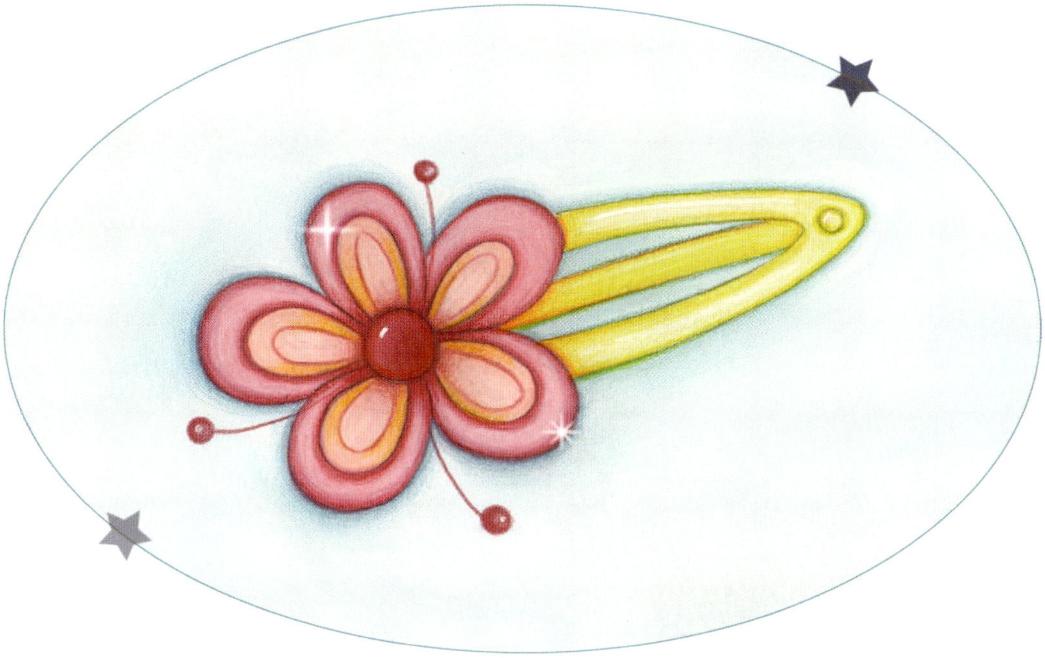

Η αγελάδα νομίζει ότι περνά ένας αιώνας μέχρι ο σκύλος να ξαναγυρίσει.
Μα, όταν τελικά ο Γκριμπού γυρίζει, ένα όμορφο καινούριο
τσιμπιδάκι μέσα στο κουτί του της χαρίζει.
– Ευχαριστώ, τι θα έκανα χωρίς εσένα! του λέει με ευγνωμοσύνη η Μαργκό.
– Αλλά, μια που γίνεται λόγος, έχεις και κάτι δανεικό; προσθέτει ο σκύλος.

Και η αγελαδίτσα καταλαβαίνει ότι κάτι ακόμα της λείπει.

Η Μαργκό έχει χάσει την ψυχραιμία της.
– Δε θα τα καταφέρω ποτέ! λέει απελπισμένη.
Ο Αλμπέρ, βλέποντάς τη να κλαίει, πλησιάζει για να μάθει γιατί είναι λυπημένη.
Χωρίς δεύτερη σκέψη, ο κόκορας παίρνει το πιο όμορφό του φτερό
και το δίνει στη Μαργκό.
– Ορίστε, σου το δανείζω! Και η Μαργκό το κρεμά
στο κολιέ της συγκινημένη.

Γρήγορα, ήρθε η ώρα! Η Μαργκό βιάζεται στο λιβάδι να βρεθεί.
Όλοι είναι εκεί. Η τελετή του γάμου μπορεί να αρχίσει.
Η Μαργκό έχει ό,τι της χρειάζεται:
ένα μπουκέτο με μπλε λουλουδάκια, ένα πέπλο παλιό,
ένα καινούριο τσιμπιδάκι κι ένα φτερό δανεικό...
Μπορεί επιτέλους να παντρευτεί τον Πόντσο.

Η Μαργκό, παρ' όλη την ταλαιπωρία, δεν πρόκειται
να ξεχάσει ποτέ το Σάββατο αυτό.
Ήταν η πιο όμορφη μέρα της ζωής της, γιατί επιτέλους
παντρεύτηκε τον Πόντσο, τον ταύρο τον φοβερό.
Και μπορείτε να μαντέψετε πού πήγαν ταξίδι του μέλιτος, παιδιά;
Μα στο Μπιλμπάο, φυσικά!

ΚΥΡΙΑΚΗ

Ο Γκριμπού είναι ο σκύλος του Ματουράν...
Αλλά πότε και πώς έγινε ο πιο πιστός του σύντροφος;
Όλα ξεκίνησαν μια Κυριακή, και αυτή τη μέρα ο Γκριμπού
δεν μπορεί να την ξεχάσει!

Ο Γκριμπού είναι ένα αξιολάτρευτο τσοπανόσκυλο.
Στο αγρόκτημα όλοι νομίζουν ότι ο Γκριμπού γεννήθηκε εκεί πέρα.
Αλλά εκείνος θυμάται καλά τη φθινοπωρινή τη μέρα
που έγινε ο πιστός σύντροφος του Ματουράν.

Όλα ξεκίνησαν μια Κυριακή του Νοέμβρη.
Την ώρα που ο Γκριμπού απ΄ τον πρωινό του περίπατο
επιστρέφει, βρίσκει την μπροστινή πόρτα κλειστή.
Ο σκύλος έξω απ΄ το σπίτι περιφέρεται.
«Περίεργο, τα παντζούρια είναι κλειστά» σκέφτεται.
«Μα, όταν έφυγα, όλα ήταν ανοιχτά!»
Κι όμως, ο Γκριμπού δεν έλειψε πολύ. Τι να έχει συμβεί;

Ο Γκριμπού στο κατώφλι κάθεται και περιμένει. Περιμένει υπομονετικά...
Οι ώρες περνούν και, δυστυχώς, η πόρτα παραμένει κλειδωμένη.
Το στομάχι του σκύλου γουργουρίζει κι αρχίζει να ανησυχεί.
– Πρέπει να βρω κάπου λίγο φαΐ.
Μόνο που δεν έχει συνηθίσει κάτι φαγώσιμο να εντοπίζει.
Πάντα στο πιάτο το αφεντικό τού σερβίρει το φαγητό.

Σήμερα θα πρέπει να τα βγάλει πέρα μόνος,
κι έτσι προχωρά διστακτικά στον δρόμο.
Μυρίζει εδώ, μυρίζει εκεί κι έναν
σκουπιδοτενεκέ ανακαλύπτει πιο κει.
Με το ποδαράκι καταφέρνει να σηκώσει το
καπάκι κι αρχίζει για φαγητό να ψάχνει.
– Σίγουρα κάτι θα βρω νόστιμο και τραγανό!
Αλλά ο Γκριμπού θόρυβο και φασαρία
κάνει και από ένα παράθυρο
κάποιος το κεφάλι βγάζει:
– Φύγε από κει!
Άμα κατέβω κάτω... θα δεις!
ουρλιάζει μια απειλητική φωνή.

Ο σκύλος το βάζει στα πόδια και όπου φύγει φύγει.
Απομακρύνεται αρκετά και μετά σε ένα σπίτι μπροστά σταματά.
Πεινά τόσο πολύ, που αρχίζει αμέσως να γαβγίζει.
– Σίγουρα, κάποιος θα με λυπηθεί! Δεν μπορεί!
Δυστυχώς, το μόνο που παίρνει είναι ένας κουβάς γεμάτος με νερό.
Ο Γκριμπού ο καημένος! Ήταν που ήταν πεινασμένος, τώρα απ' τα δάχτυλα μέχρι την κορφή είναι βρεγμένος.

Αφήνει την πόλη και στο δάσος χώνεται.
Ψάχνοντας πάντα για λίγο φαΐ, αποφασίζει
ένα μανιτάρι να γευτεί.
– Μπλιαχ! Τι αηδία, δεν τρώγεται!

Εξαντλημένος, τον παίρνει ο ύπνος
τελικά, πάνω σε ένα στρώμα από πεσμένα
φύλλα, με άδεια την κοιλιά...
Ονειρεύεται το μαλακό του μαξιλάρι
και ένα μεγάλο πιάτο γεμάτο φαγητά.

Την επομένη τον ξυπνούν κάτι κραυγές.
– Βοήθεια! Βοήθεια! ακούει κάτι φωνές.

Μα ποιος μπορεί έτσι να φωνάζει; Ο καημένος ο Γκριμπού είναι λίγο φοβισμένος.
Δεν ξέρει τι να κάνει. Αν αυτός που φωνάζει τα βάλει μαζί του,
θα τρέχει πάλι κυνηγημένος.
Αλλά τον σπρώχνει η περιέργεια και τελικά πάει κατά κει να δει.

Ο Γκριμπού πλησιάζει σιγά σιγά και βλέπει
έναν άντρα πεσμένο στη γη.
Έχει στραμπουλήξει το πόδι του και να περπατήσει δεν μπορεί.
Αν και πονά πολύ, φωνάζει στον σκύλο ευγενικά.
– Έλα, σκυλάκι μου, κοντά!

Ο Γκριμπού τον πλησιάζει λυπημένος. Θα ήθελε τόσο πολύ να τον βοηθήσει, τον καημένο. Ο άντρας τον χαϊδεύει και τον παρακινεί:
– Πήγαινε στο αγρόκτημα να ζητήσεις βοήθεια!
Στου δρόμου τη στροφή... τρέχα γρήγορα.

Ο Γκριμπού στον δρόμο αμέσως ορμά κουνώντας την ουρά.
Ξαφνικά, μια διασταύρωση βλέπει, προς τα πού να πάει δεν ξέρει.
Να στρίψει αριστερά ή δεξιά;

Για καλή του τύχη, βλέπει μια αγελάδα να βόσκει στο λιβάδι. Κι ο σκύλος προς το μέρος της αμέσως προχωρά. Της εξηγεί:

– Ο αγρότης έχει πληγωθεί και την αγρότισσα πρέπει να ειδοποιήσω. Ποιον δρόμο να ακολουθήσω; Και η Μαργκερίτ τού δείχνει τη σωστή διαδρομή.

Ο Γκριμπού τρέχει μέχρι το αγρόκτημα και γαβγίζει όσο πιο δυνατά μπορεί.
Βλέπει την αγρότισσα απ' το κοτέτσι να βγαίνει θορυβημένη.
Ο Γκριμπού την αρπάζει απ' την ποδιά και την αναγκάζει
να τον ακολουθήσει μέχρι τον Ματουράν.

Η αγρότισσα καταφέρνει τον άντρα της να βοηθήσει να σηκωθεί και να περπατήσει. Ο Ματουράν είναι πληγωμένος και πονά πολύ, αλλά, χάρη στον Γκριμπού, έχει διασωθεί!